www.ingramcontent.com/pod-product-compliance
Lightning Source LLC
Chambersburg PA
CBHW061402010526
44119CB00010B/231
9798985860108

بِسْمِ ٱللَّهِ ٱلرَّحْمَٰنِ ٱلرَّحِيمِ

ٱقْرَأْ بِٱسْمِ رَبِّكَ ٱلَّذِى خَلَقَ {١}

Qur'an 96:1

السَّلَامُ عَلَيْكُمْ،

أنَا حَرْفُ الْأَلِف.

أ

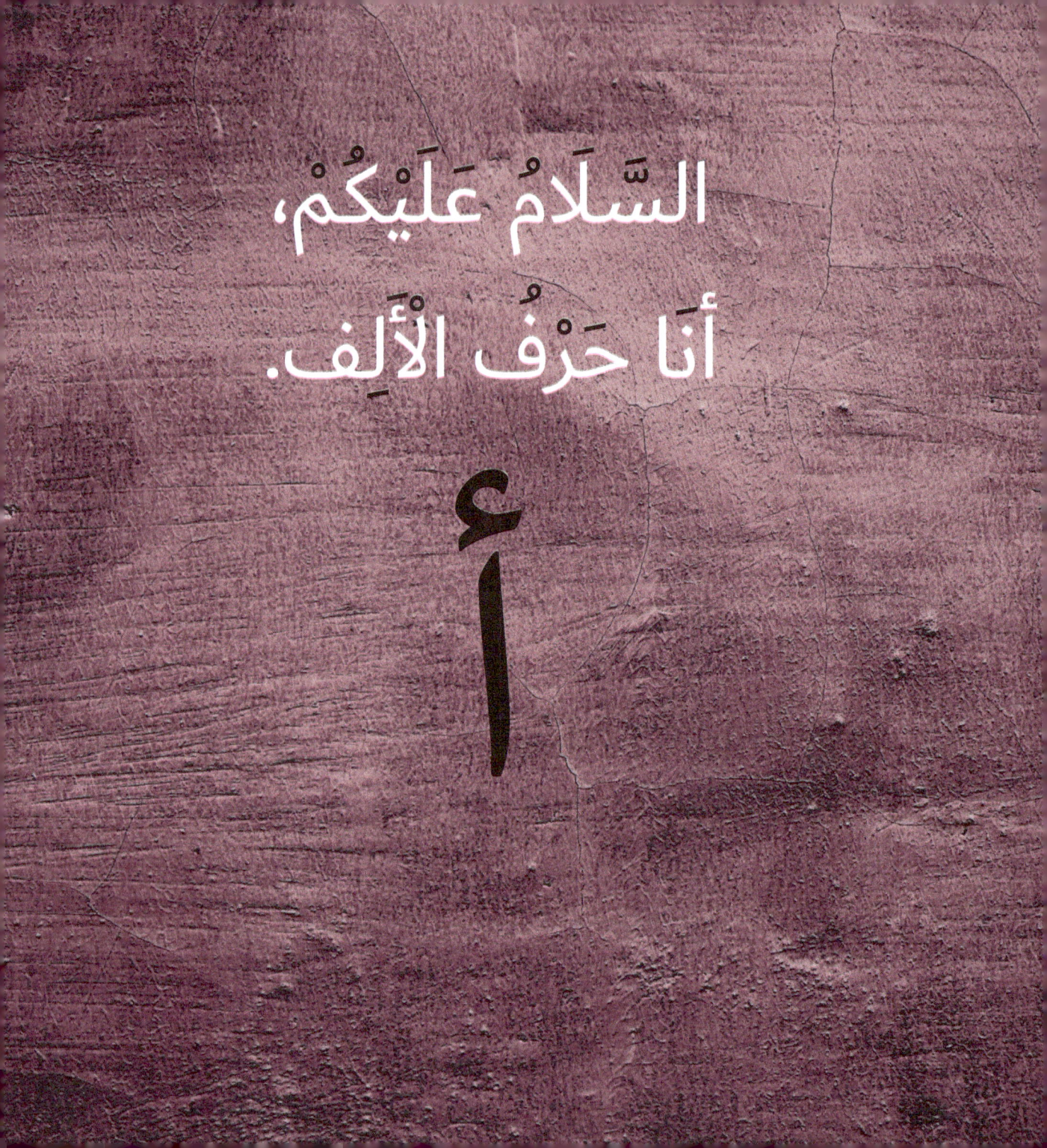

أَ أَسَد

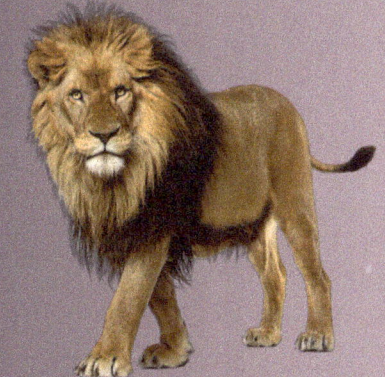

أُ أُخْطُبُوط

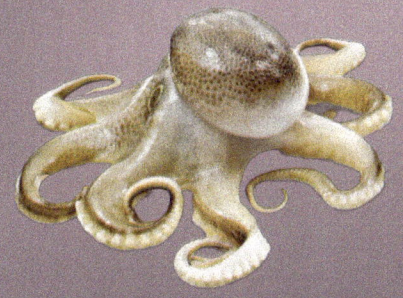

إِ إِبْرِيق

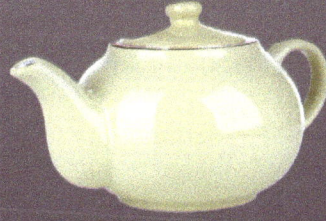

السَّلَامُ عَلَيْكُمْ،

أَنَا حَرْفُ الْبَاء.

ب

بَ  بَقَرَة

بُ  بُومَة

بِ  بِطْرِيق

السَّلَامُ عَلَيْكُمْ،

أَنَا حَرْفُ التَّاء.

ت

تَ		تَمْر
تُ		تُوت
تِ		تِين

السَّلَامُ عَلَيْكُمْ،

أنَا حَرْفُ الثَّاء.

ث

ثَ

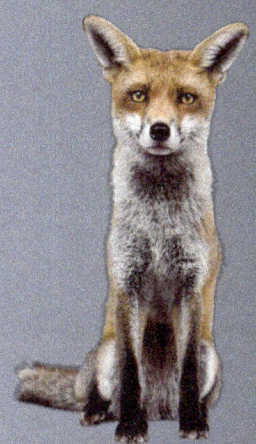

ثَعْلَب

ثُ

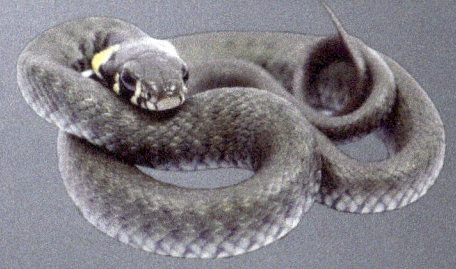

ثُعْبَان

ثِ

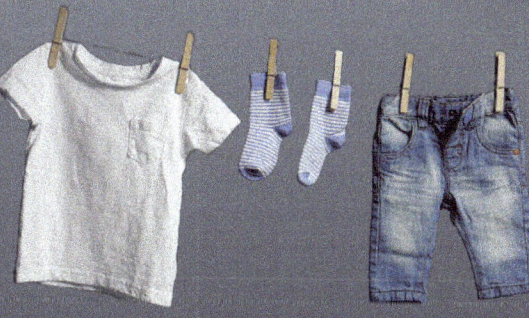

ثِيَاب

السَّلَامُ عَلَيْكُمْ،

أنَا حَرْفُ الْجِيم.

ج

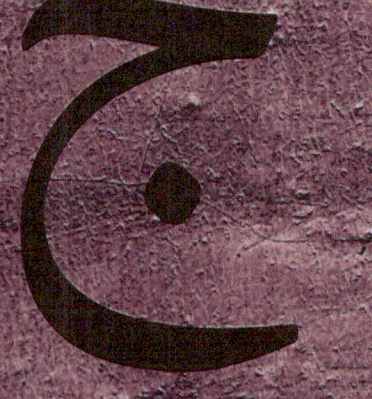

جَ  جَمَل

جُ  جُبْنَة

جِ  جِسْر

السَّلَامُ عَلَيْكُمْ،

أنَا حَرْفُ الْحَاء.

ح

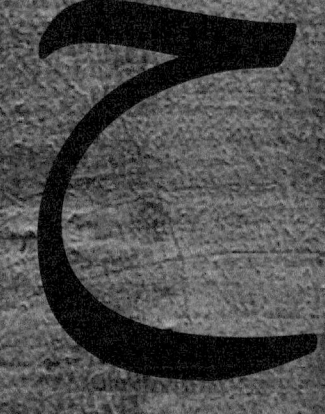

حَ

حَبْل

حُ

حُوت

حِ

حِصَان

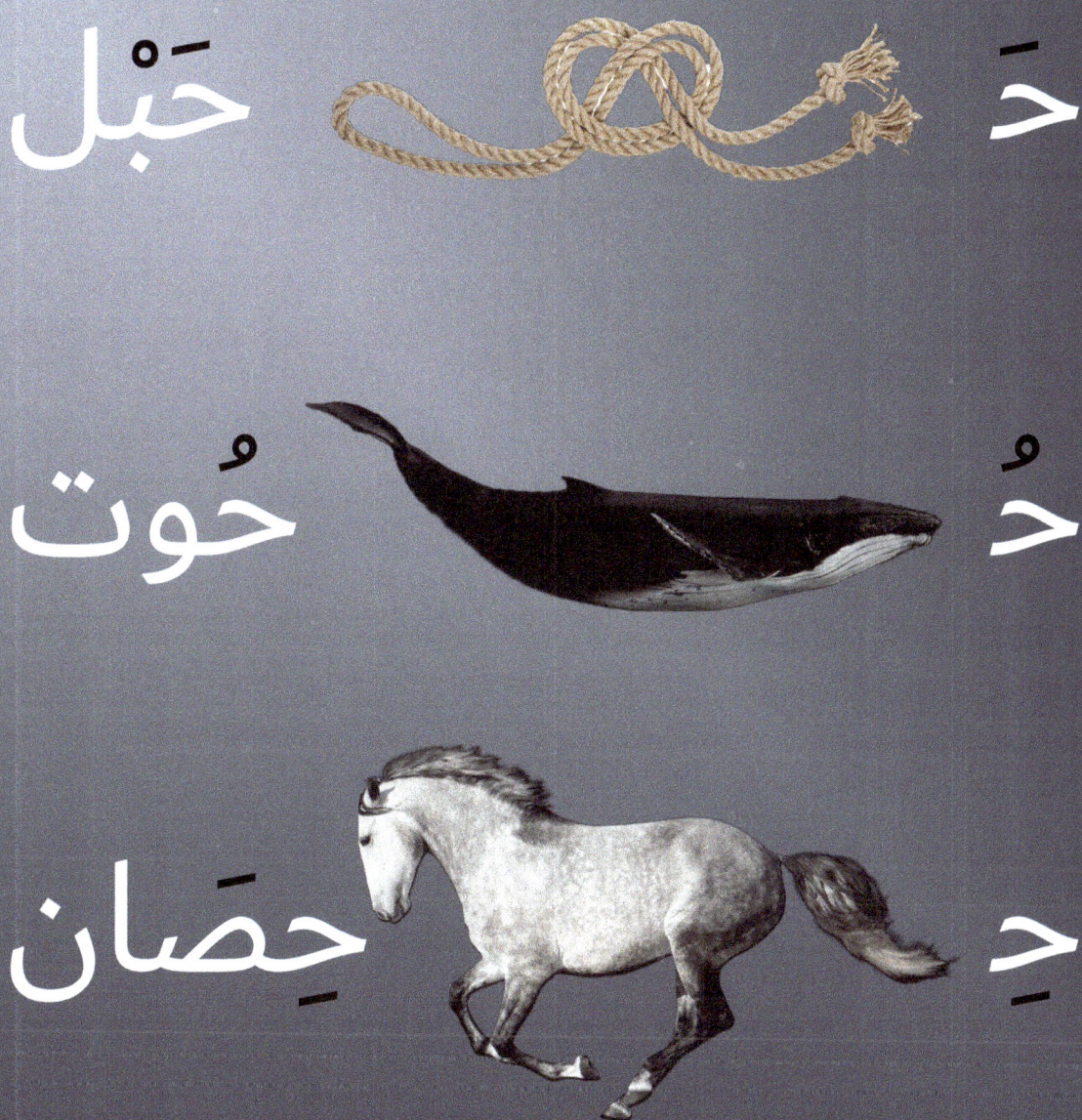

السَّلَامُ عَلَيْكُمْ،

أنَا حَرْفُ الْخَاء.

خ

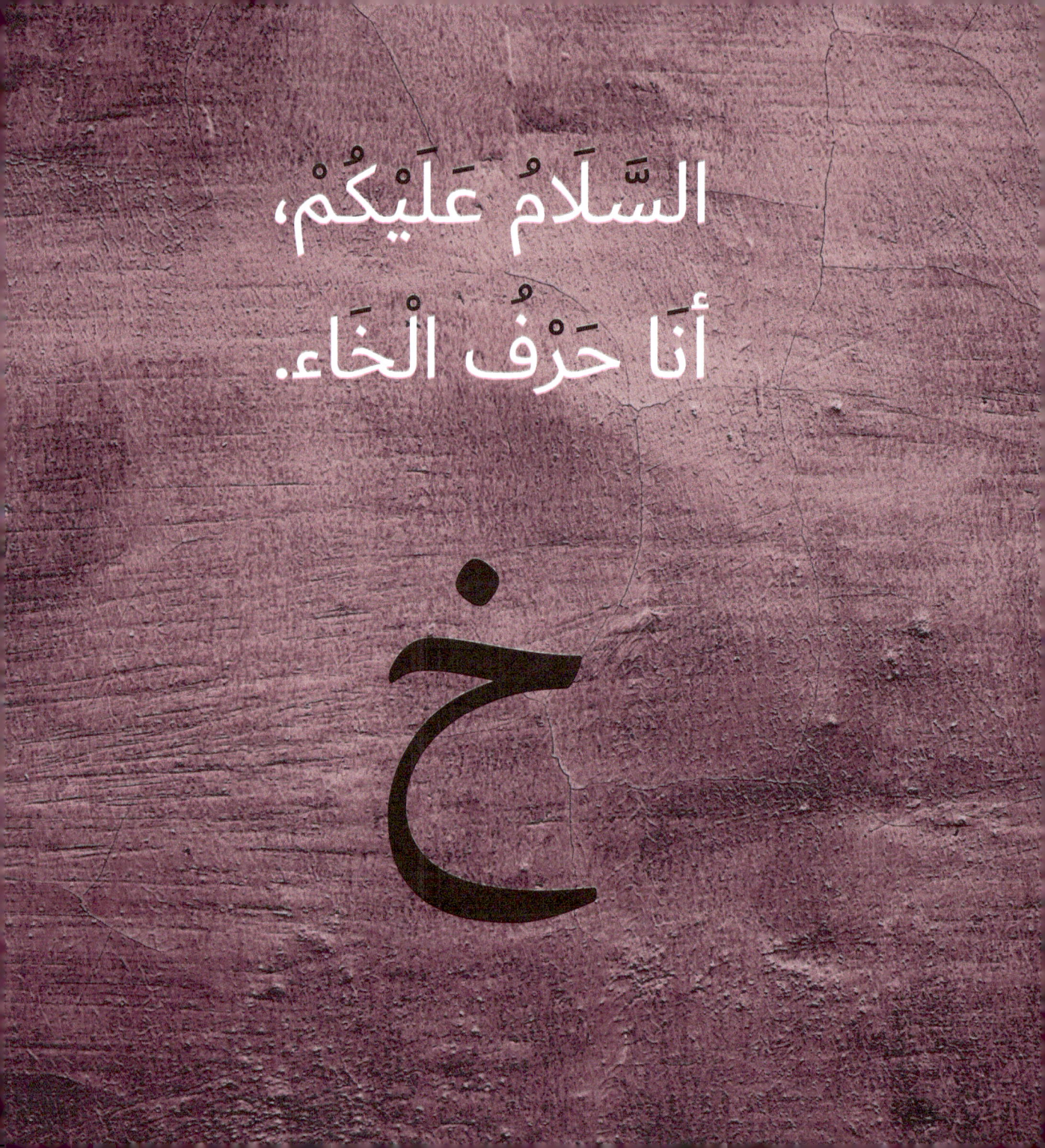

خَ		خَرُوف
خُ		خُبْز
خِ		خِرْفَان

السَّلَامُ عَلَيْكُمْ،

أنَا حَرْفُ الدَّال.

د

دَفْتَر		دَ
دُب		دُ
دِيك		دِ

السَّلَامُ عَلَيْكُمْ،
أنَا حَرْفُ الذَّال.

ذ

ذَ	ذَهَب	
ذُ	ذُبَابَة	
ذِ	ذِئْب	

السَّلَامُ عَلَيْكُمْ،

أنَا حَرْفُ الرَّاء.

ر

رَ  رَاكُون

رُ 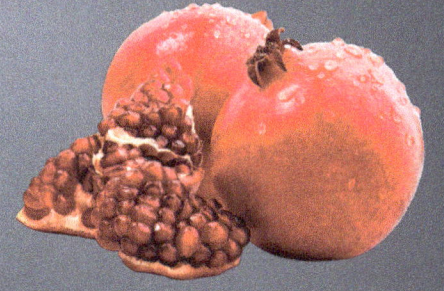 رُمَّان

رِ  رِيشَة

السَّلَامُ عَلَيْكُمْ،

أنَا حَرْفُ الزَّاي.

ز

زَ

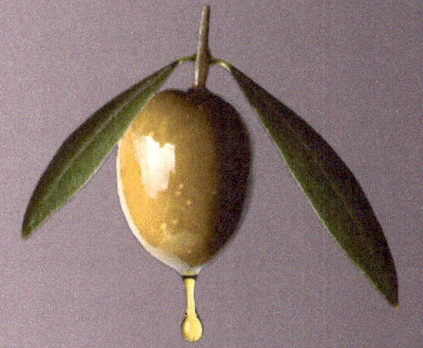

زَيْتُونَة

زُ

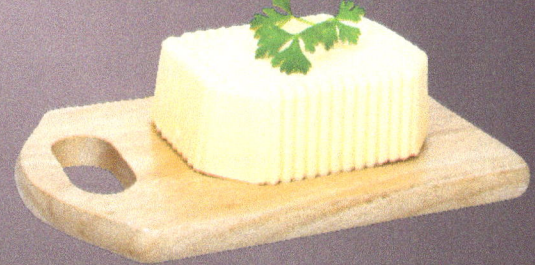

زُبْدَة

زِ

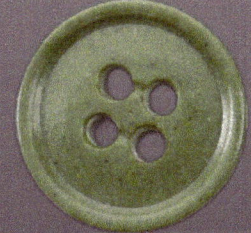

زِر

السَّلَامُ عَلَيْكُمْ،

أنَا حَرْفُ السِّين.

س

سَ		سَمَكَة
سُ		سُلَّم
سِ		سِنْجَاب

السَّلَامُ عَلَيْكُمْ،

أنَا حَرْفُ الشِّين.

ش

شَ	شَجَرَة
شُ	شُبَّاك
شِ	شِبْل

السَّلَامُ عَلَيْكُمْ،

أَنَا حَرْفُ الصَّادَ.

ص

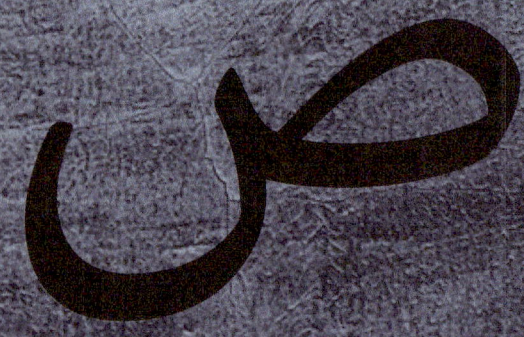

صَ صَدَف

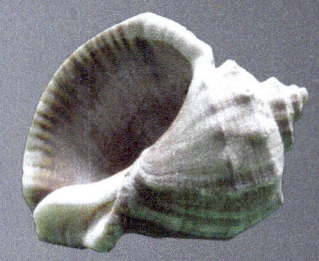

صُ صُوص

صِ صِيصَان

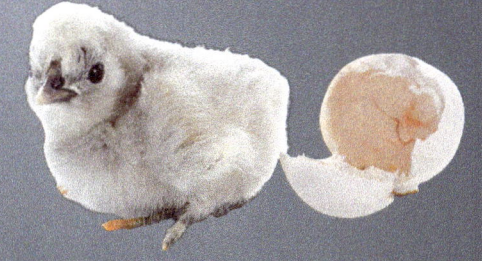

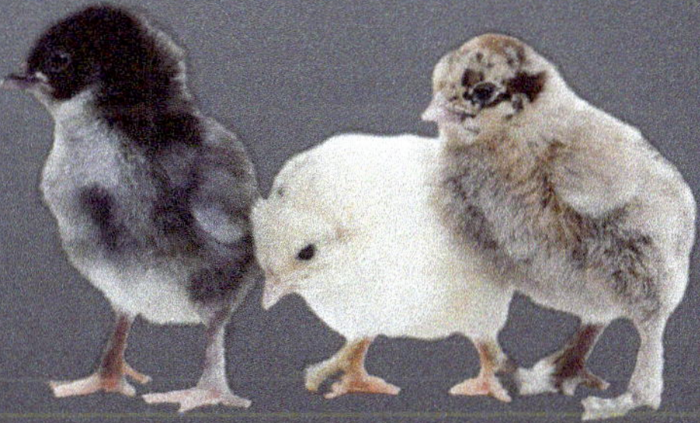

السَّلَامُ عَلَيْكُمْ،
أنَا حَرْفُ الضَّاد.

ض

ضَ		ضَبْع
ضُ	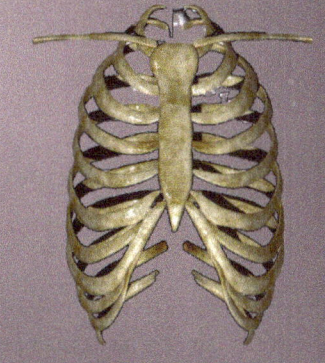	ضُلُوع
ضِ		ضِفْدَع

السَّلَامُ عَلَيْكُمْ،

أَنَا حَرْفُ الطَّاء.

ط

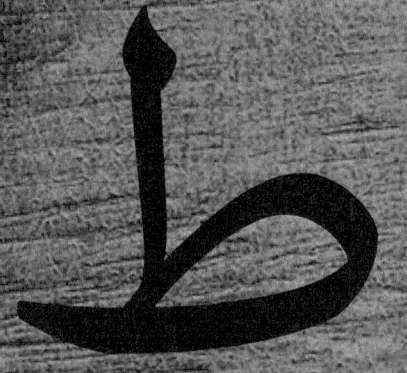

طَ

طَيَّارَة

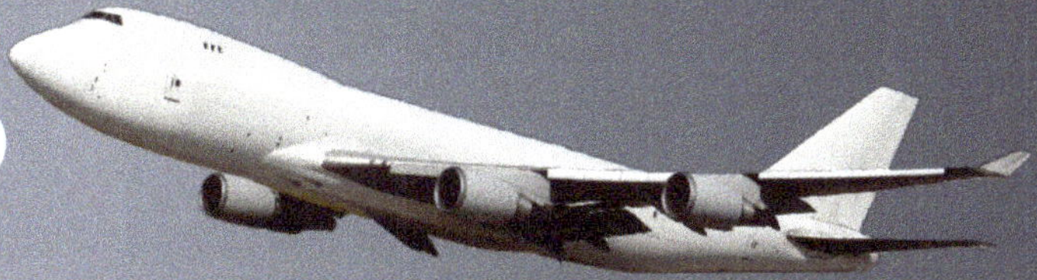

طُ

طُوب

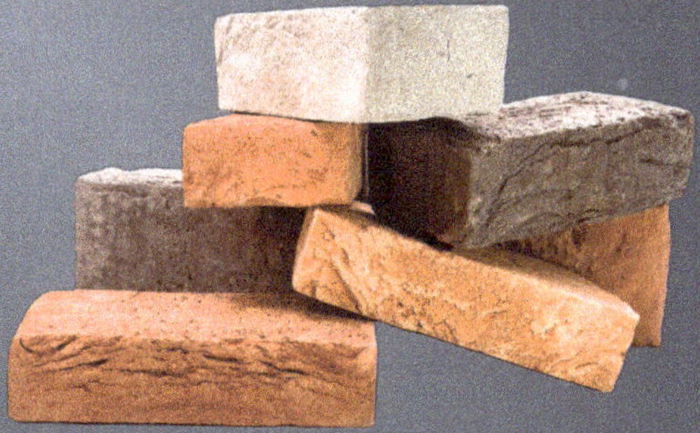

طِ

طِين

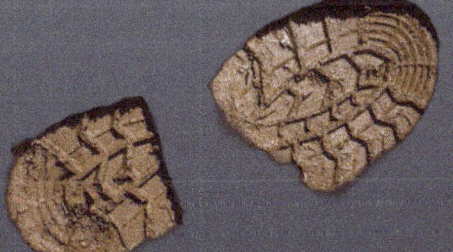

السَّلَامُ عَلَيْكُمْ،
أَنَا حَرْفُ الظَّاء.

ظ

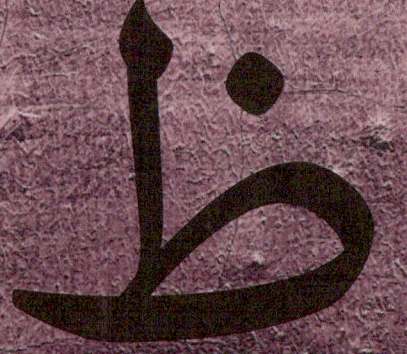

ظَ	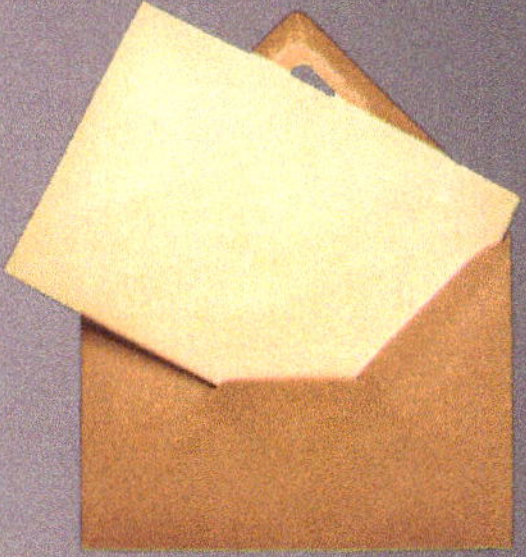 	ظَرْف
ظُ		ظُرُوف
ظِ		ظِل

السَّلَامُ عَلَيْكُمْ،

أَنَا حَرْفُ الْعَيْن.

ع

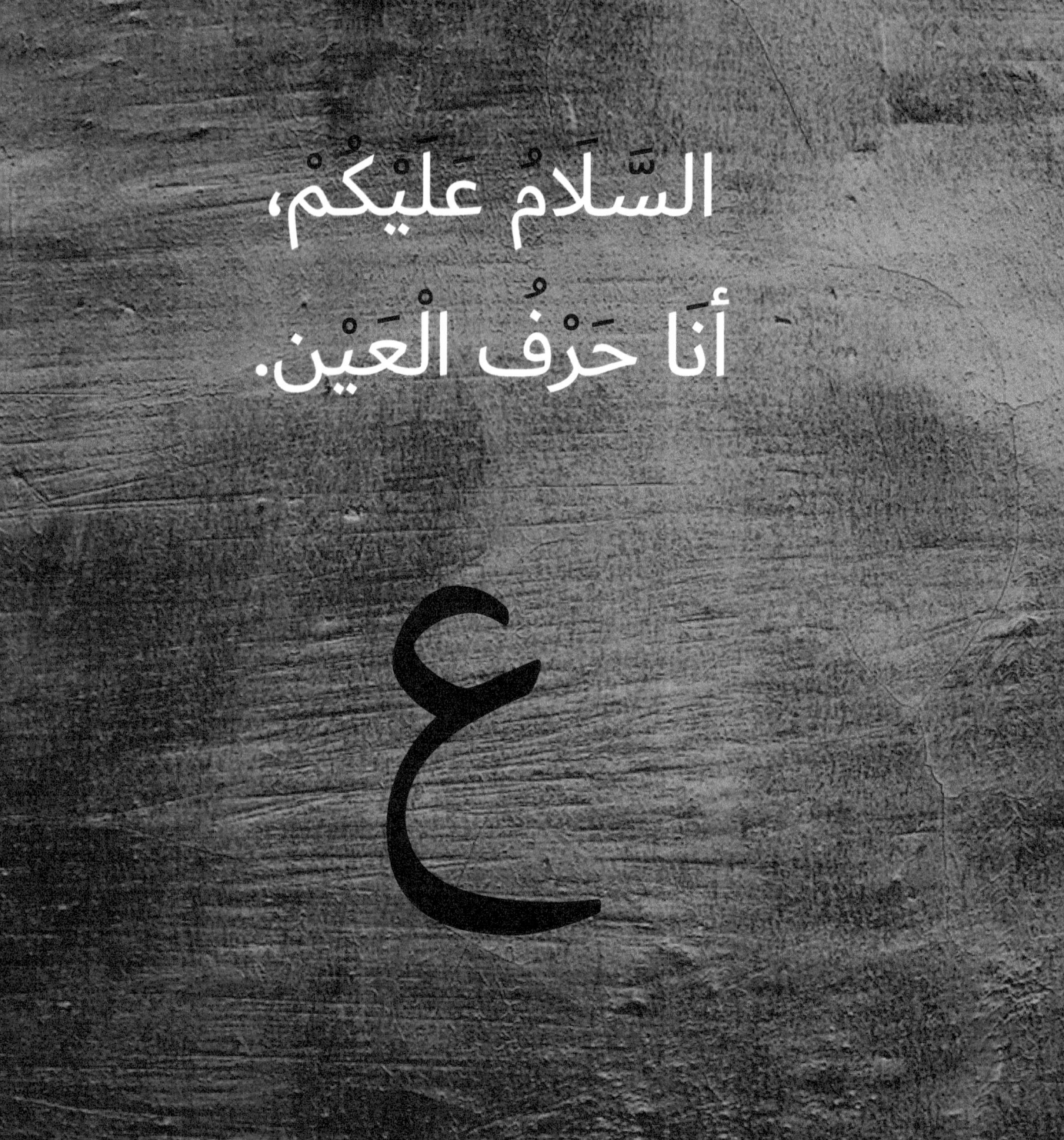

عَ عَيْن

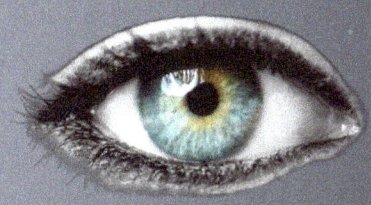

عُ عُصْفُور

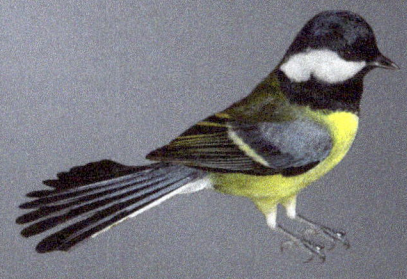

عِ عِجْل

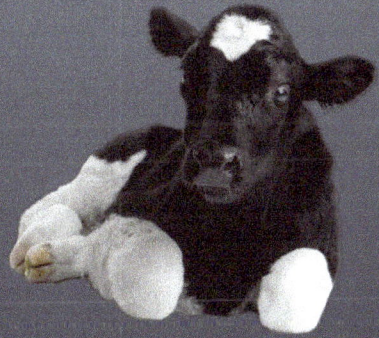

السَّلَامُ عَلَيْكُمْ،

أنَا حَرْفُ الغَيْنْ.

غ

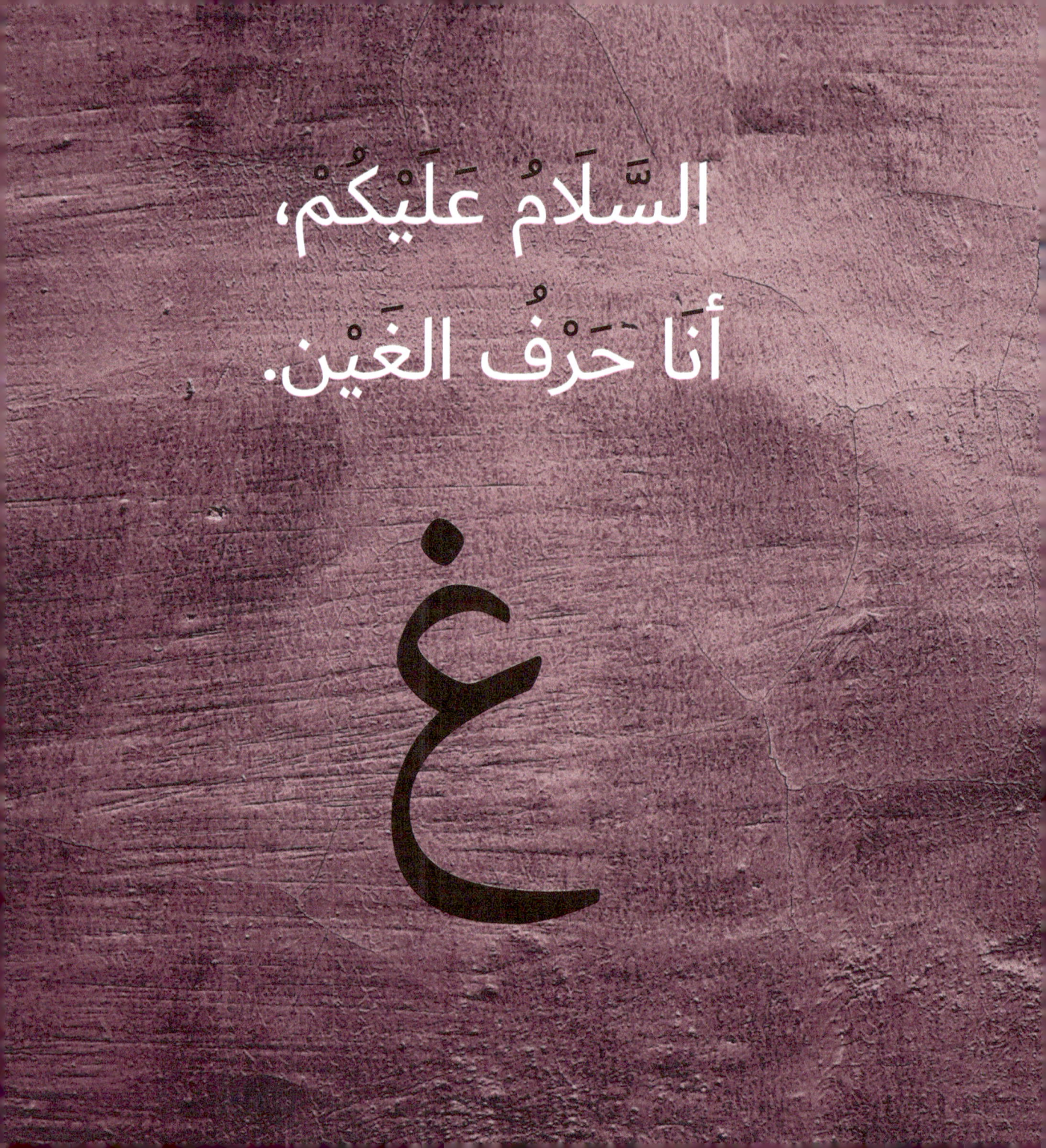

غَ

غَيْمَة

غُ

غُرَاب

غِ

غِرْبَان

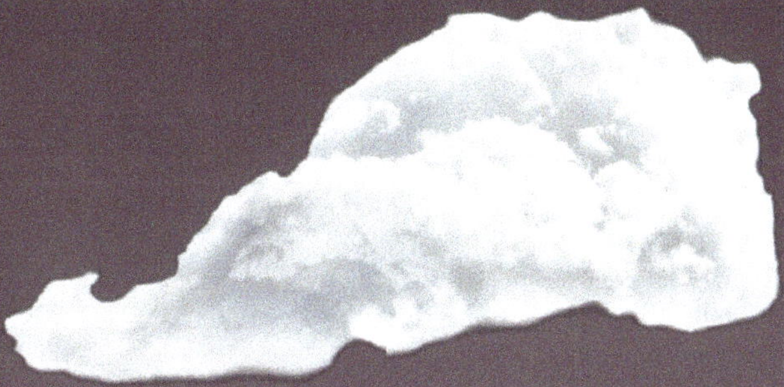

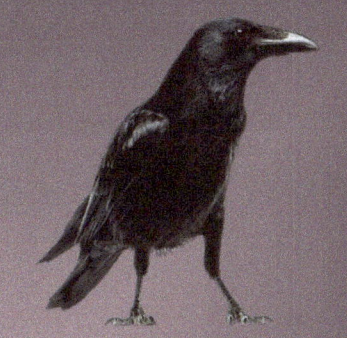

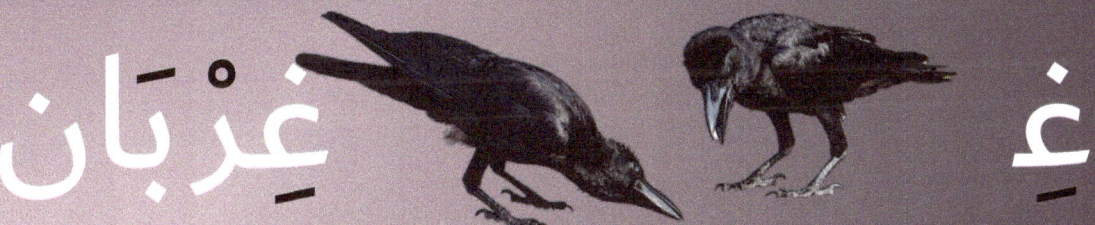

السَّلَامُ عَلَيْكُمْ،

أنَا حَرْفُ الْفَاء.

ف

فَ فَرَاشَة

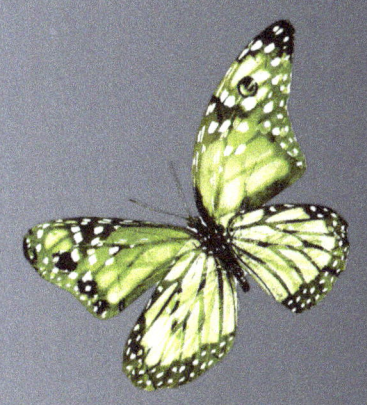

فُ فُسْتُق

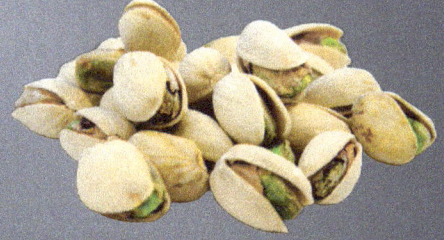

فِ فِيل

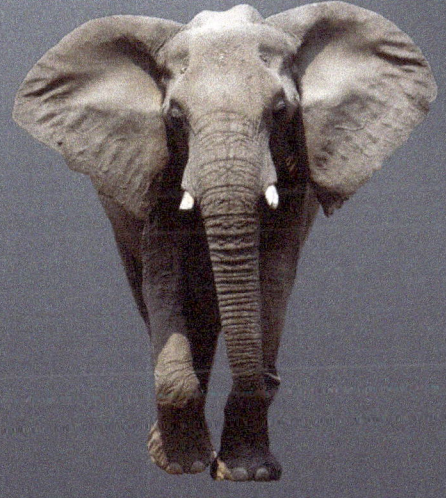

السَّلَامُ عَلَيْكُمْ،

أنَا حَرْفُ الْقَاف.

ق

قَ

قَلَم

قُ

قُرْآن

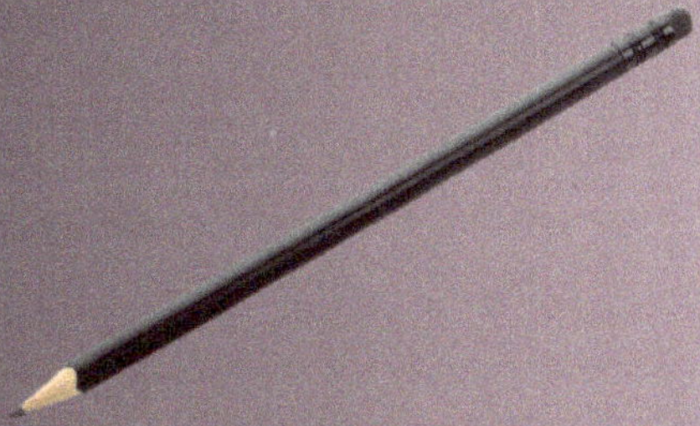

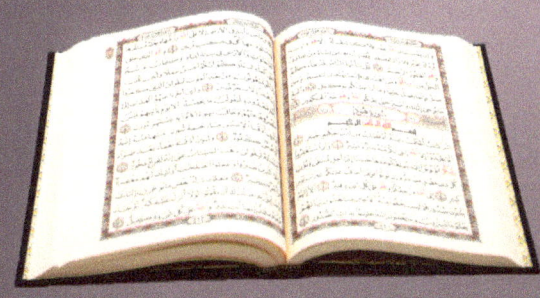

قِ

قِطَّة

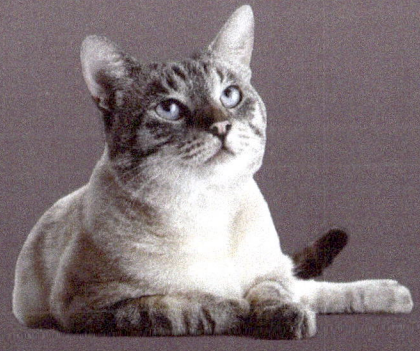

السَّلَامُ عَلَيْكُمْ،

أنَا حَرْفُ الْكَاف.

ك

كَ		كَعْبَة
كُ		كُتُب
كِ		كِتَاب

السَّلَامُ عَلَيْكُمْ،

أَنَا حَرْفُ اللَّام.

ل

لَ		لَبُؤَة
لُ		لُؤْلُؤَة
لِ	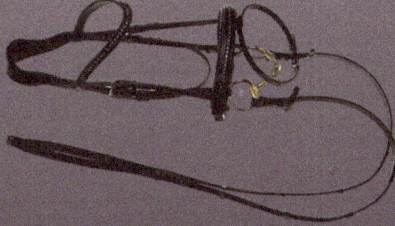	لِجَام

السَّلَامُ عَلَيْكُمْ،

أَنَا حَرْفُ الْمِيم.

م

مَ

مَسْجِد

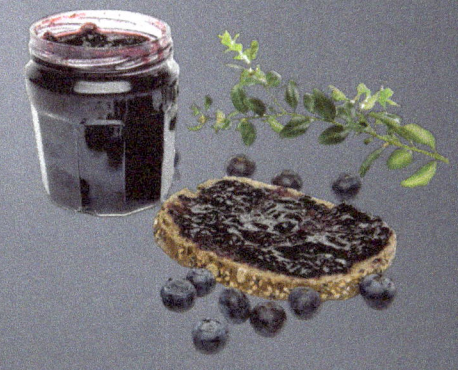

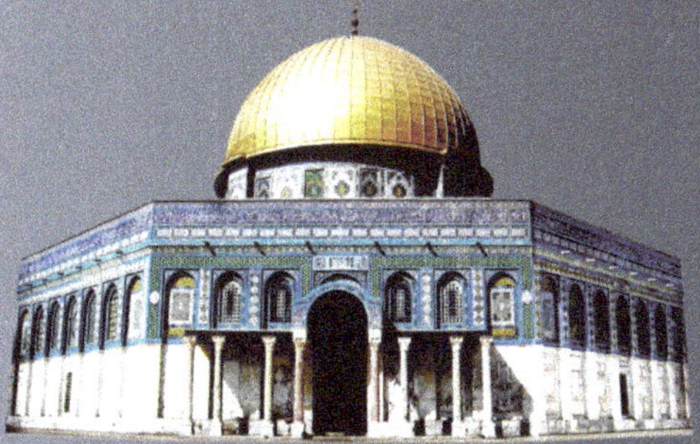

مُ

مُرَبَّى

مِ

مِيزَان

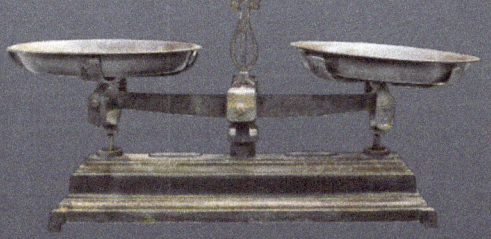

السَّلَامُ عَلَيْكُمْ،

أنَا حَرْفُ النُّون.

ن

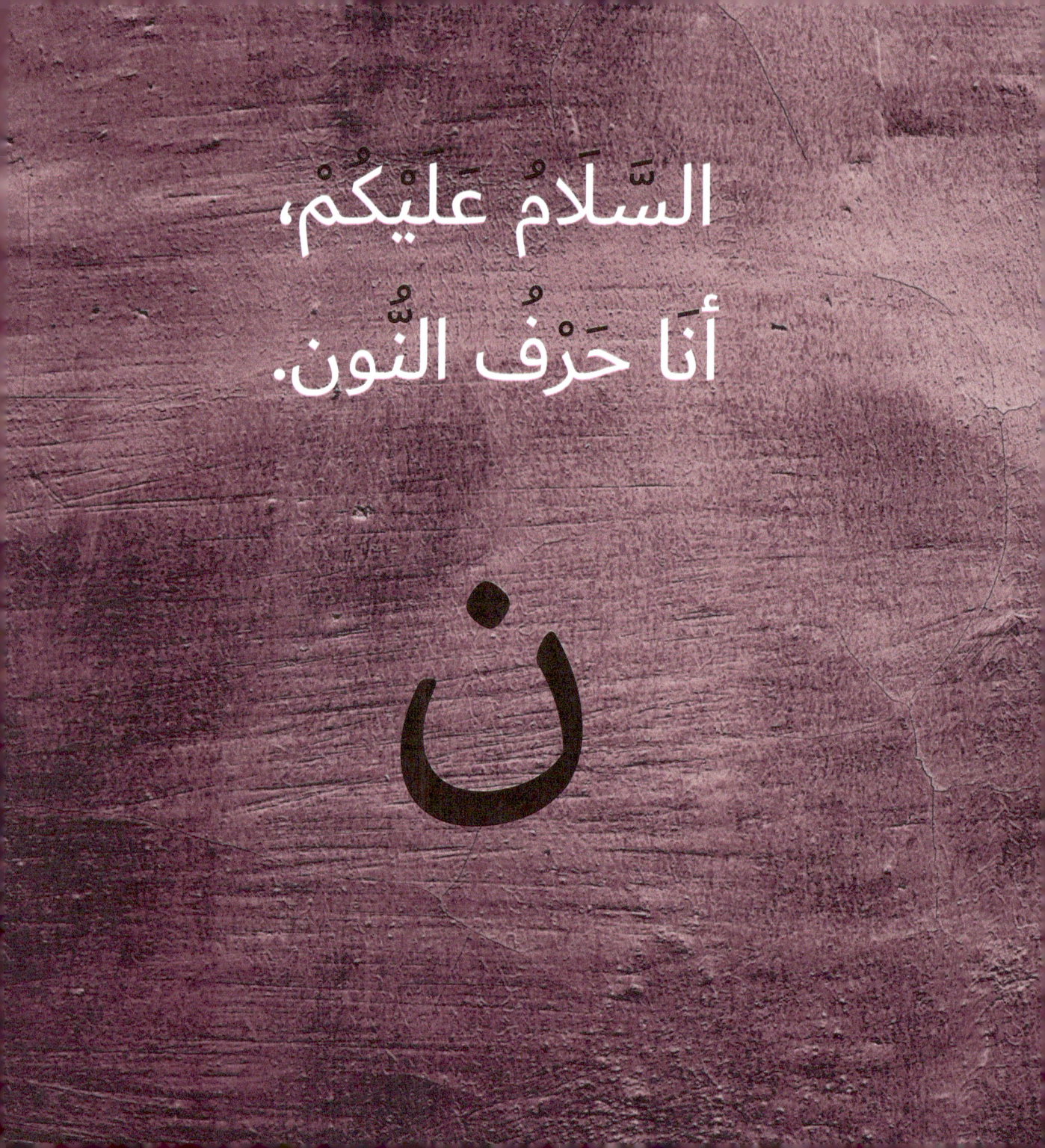

نَ	نَمِر
نُ	نُور
نِ	نِسْر

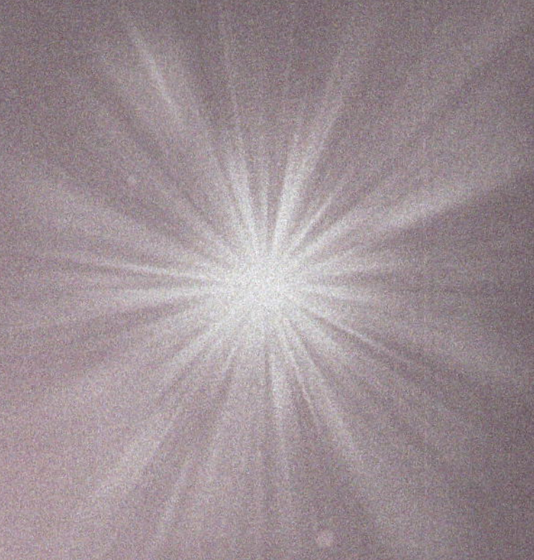

السَّلَامُ عَلَيْكُمْ،

أنَا حَرْفُ الْهَاء.

ه

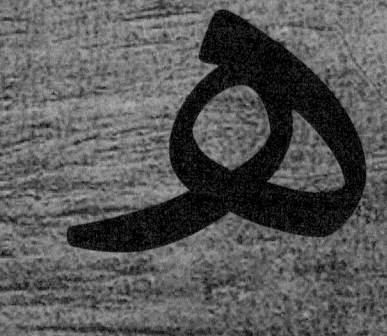

هَ	هَرَم
هُ	هُدْهُد
هِ	هِلَال

السَّلَامُ عَلَيْكُمْ،

أَنَا حَرْفُ الْوَاو.

و

وَ

وَرْدَة

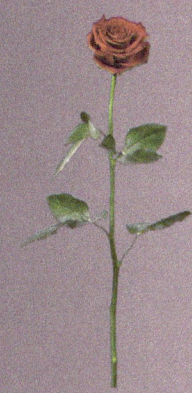

وُ

وُرُود

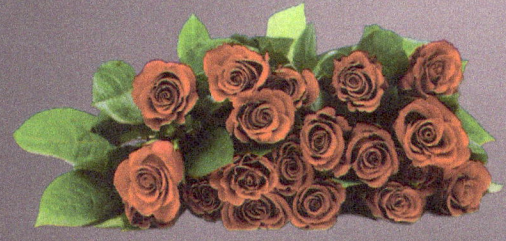

وِ

وِعَاء

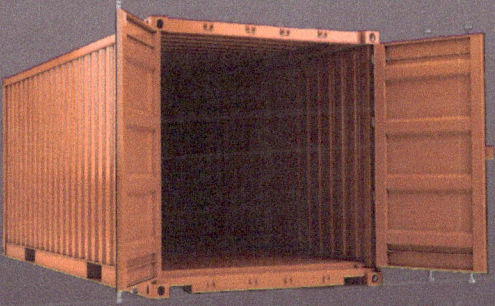

السَّلَامُ عَلَيْكُمْ،

أنَا حَرْفُ الْيَاء.

ي

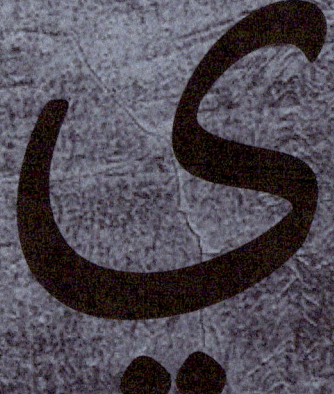

يَ

يَقْطِين

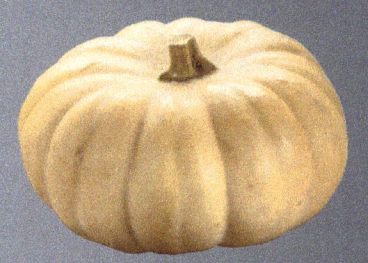

يُ

يُؤْيُؤ

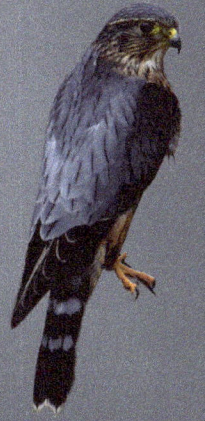

يِ

يِن

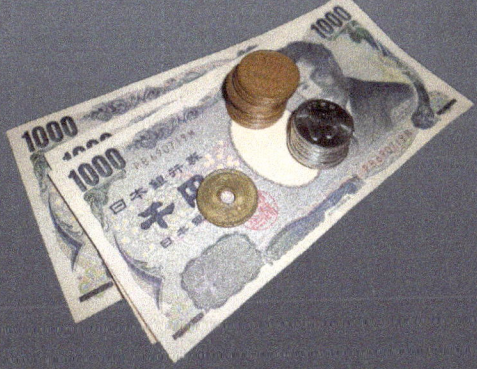

إلى: آمِنة و حَليمَة
مِن: مَامَا

تَشَرَّفْنَا بِالْمَعْرِفَة!

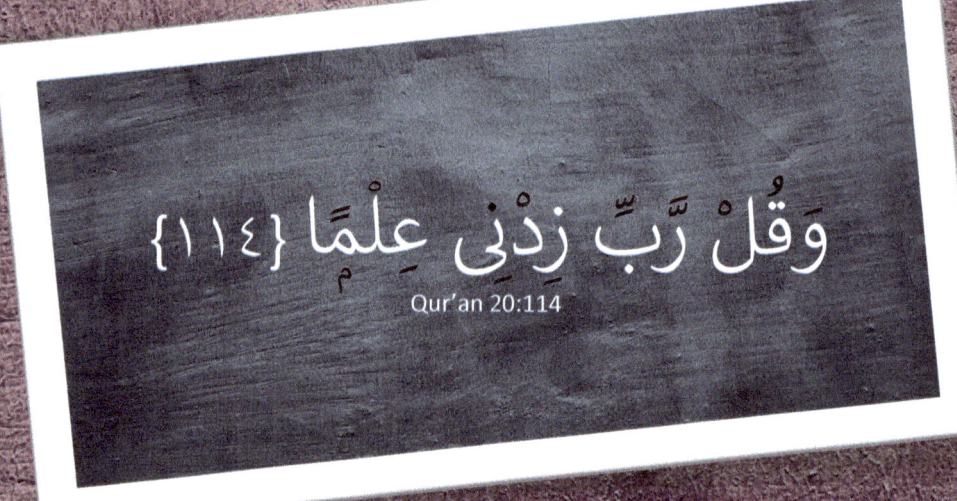

وَقُلْ رَّبِّ زِدْنِى عِلْمًا {١١٤}

Qur'an 20:114

آمِين يَا مُجِيبَ الدُّعَاء

السَّلَامُ عَلَيْكُم وَرَحْمَةُ اللّٰهِ وَبَرَكَاتُه